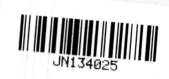

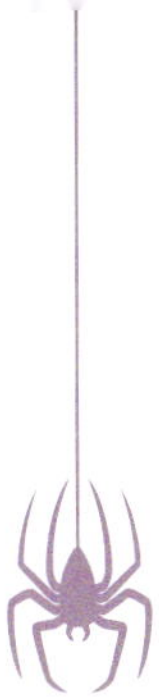

Deep Into
“Sam Raimi”

映画監督サム・ライミが描く光と闇

大川隆法
Ryuho Okawa

本霊言は、2018年9月15日、幸福の科学 特別説法堂にて、
公開収録された（写真）。

映画監督サム・ライミが描く光と闇

——Deep Into “Sam Raimi”——

Preface

This is the "Reality" of "Spiritual World".

Could you understand the role of "Guardian Spirit"?

What is the real meaning of Heaven and Hell?

Have you seen "The Darkness" and "The Light" behind the Spider-Man series?

Would you like to understand the exact meaning of "The Possession"?

The Guardian Spirit of Sam Raimi will invite you to the new Enlightenment.

I, myself, am the Grand Master of "Spiritual

まえがき

これが「精神世界」の「現実」だ。
守護霊の役割ってわかったかな。

天国と地獄については実感できたかな。

スパイダーマン・シリーズの背景に「闇」と「光」をかい間見ることはできたかな。
「憑《ひょう》依《い》」という言葉の真意を知りたくなったかい。
サム・ライミの守護霊が君らの眼《め》を開かせてくれるだろう。
私自身も、もちろん「精神世界」のグランド・

World". Please follow me.

You will be able to get new "Wisdom".

Sep. 7, 2019

Master & CEO of Happy Science Group

Ryuho Okawa

マスターだ。私についていて来なさい。

さすれば新しい「智慧」が与えられるだろう。

2019年9月7日

幸福《こうふく》の科学《かがく》グループ創始者兼総裁《そうししゃけんそうさい》

大川隆法《おおかわりゅうほう》

Contents

目　次

* This spiritual interview was conducted in English. The Japanese text is a translation.

※本書は、英語で収録された霊言に和訳を付けたものです。

This book is the transcript of the spiritual interview with the guardian spirit of Sam Raimi.

These spiritual messages were channeled through Ryuho Okawa. However, please note that because of his high level of enlightenment, his way of receiving spiritual messages is fundamentally different from other psychic mediums who undergo trances and are completely taken over by the spirits they are channeling.

Each human soul is generally made up of six soul siblings, one of whom acts as the guardian spirit of the person living on earth. People living on earth are connected to their guardian spirits at the innermost subconscious level. They are a part of people's very souls and therefore exact reflections of their thoughts and philosophies.

It should be noted that these spiritual messages are opinions of the individual spirits and may contradict the ideas or teachings of the Happy Science Group.

本書は、サム・ライミの守護霊霊言《しゅごれいれいげん》を収録したものである。

「霊言現象」とは、あの世の霊存在の言葉を語り下ろす現象のことをいう。これは高度な悟《さと》りを開いた者に特有のものであり、「霊媒《れいばい》現象」（トランス状態になって意識を失い、霊が一方的にしゃべる現象）とは異なる。

また、人間の魂《たましい》は原則として６人のグループからなり、あの世に残っている「魂の兄弟」の１人が守護霊を務めている。つまり、守護霊は、実は自分自身の魂の一部である。

したがって、「守護霊の霊言」とは、いわば、本人の潜在《せんざい》意識《いしき》にアクセスしたものであり、その内容は、その人が潜在意識で考えていること（本心）と考えてよい。

ただ、「霊言」は、あくまでも霊人の意見であり、幸福の科学グループとしての見解と矛盾《むじゅん》する内容を含《ふく》む場合がある点、付記しておきたい。

Deep Into "Sam Raimi"

September 15, 2018 at Special Lecture Hall, Happy Science, Tokyo

映画監督サム・ライミが描く光と闇
――Deep Into "Sam Raimi"――

2018年9月15日　東京都・幸福の科学特別説法堂にて

Sam Raimi (1959- Present)

An American filmmaker and actor, born Samuel Marshall Raimi. Raimi was born to a Jewish family of Eastern European descent. He took interest in filmmaking from a young age, and began to make movies with the Super 8 mm film. Raimi attended but later left Michigan State University to found Renaissance Pictures, a film production, with his friends. *The Evil Dead*, a feature-length horror movie released in 1983, saw unexpected success, and Raimi continued to make successful horror movies. Some call him "the master of horror movies." Raimi directed the Spider-Man Trilogy from 2002 to 2007, which became a huge hit around the world, and has also been evaluated highly in movies other than horror.

Interviewers from Happy Science

Masayuki Isono

Executive Director
Chief of Overseas Missionary Work Promotion Office
Deputy Chief Secretary, First Secretarial Division
Religious Affairs Headquarters

Shio Okawa

Aide to Master

Yuki Wada

General Manager, First Secretarial Division,
General Manager of Overseas Missionary Work Promotion Office, Religious Affairs Headquarters

* Interviewers are listed in the order that they appear in the transcript. Their professional titles represent their positions at the time of the interview.

サム・ライミ（1959 〜）

アメリカの映画監督、映画プロデューサー、俳優。本名はサミュエル・マーシャル・ライミ。東欧系のユダヤ人の家庭に生まれる。少年時代から映画に興味を示し、８ミリカメラで映画をつくる。ミシガン州立大学に進むも中退し、友人と映画製作会社ルネサンス・ピクチャーズを設立。長編ホラー映画「死霊のはらわた」をつくり、1983 年、予想を上回るヒットとなった。以後、数々のホラー映画の傑作を発表。「ホラー映画の巨匠」とも呼ばれる。また、2002 年から 07 年にかけて公開された映画「スパイダーマン１・２・３」は世界中で大ヒットとなり、ホラー映画以外でもその手腕が評価されている。

質問者（幸福の科学）

磯野将之《いそのまさゆき》（理事 兼 宗務本部海外伝道推進室長 兼
第一秘書局担当局長）

大川紫央《おおかわしお》（総裁補佐）

和田《わだ》ゆき（宗務本部第一秘書局部長 兼
海外伝道推進室部長）

※質問順。役職は収録当時のもの。

1 The Guardian Spirit Talks on the Spider-Man Series

Closing in on the origin of his ideas for horror movies

Ryuho Okawa Today, we will try to get the real thinking and the deep heart of the famous director, Sam Raimi.

Maybe you know about him from the names of his films, for example, *The Evil Dead* translated into Japanese as *Shiryo no Harawata*, *Drag Me to Hell* translated into Japanese as *Spell*, or *The Possession* as *Possession*. His most famous production was the Spider-Man series, 1, 2, and 3, a very famous series. [*Referring to*

1　サム・ライミ守護霊、「スパイダーマン」シリーズを大いに語る

ホラー映画づくりの「発想の原点」に迫《せま》りたい

大川隆法　今日は有名な映画監督であるサム・ライミの本心、心の奥底を探ってみたいと思います。

彼については映画の名前でご存じかと思います。たとえば「ジ・イーヴル・デッド」、邦題は「死霊《しりょう》のはらわた」です。あるいは「ドラッグ・ミー・トゥ・ヘル」、邦題は「スペル」です。「ザ・ポゼッション」、これは（邦題も）同じです。一番有名な作品は「スパイダーマン」シリーズの1、2、3で、非常に有名ですね。（着ている、クモの巣の模様の黒いスーツ

his black, spider web-designed business suit and tie.]
I also have a black spider suit.

He is well known even in Japan, but it's the first time for me and for the Japanese people. Who is Sam Raimi, and what is he thinking? Why is he so much interested in evil spirits, demons, ghosts or beings like that, and the spiritual world? Today is just an investigation, but if we try our best, I think we can get a lot from him.

The Evil Dead (New Line Cinema, 1981)
「死霊のはらわた」（1981年米公開／ニュー・ライン・シネマ）

Drag Me to Hell (Universal Pictures, 2009)
「スペル」（2009年米公開／ユニバーサル・ピクチャーズ）

とネクタイを示しながら）私もブラック・スパイダーのスーツを持っています。

日本でも有名な方ですが、私としても日本人としても初の試みです。サム・ライミとはどんな人で、どんな考えを持っているのか。なぜ悪霊《あくれい》や悪魔、幽霊、霊界等にそれほどまでに関心があるのか。今日のところは、あくまでも調査にすぎませんが、私たちがベストを尽《つ》くせば得るものが多いのではないかと思います。

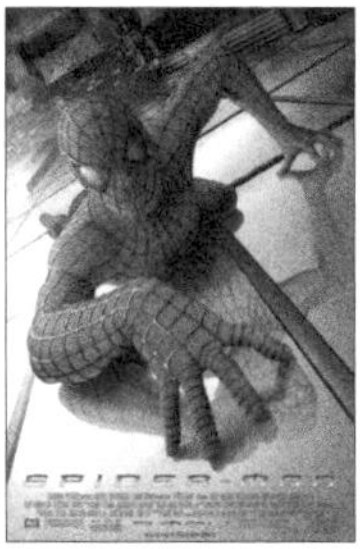

Spider-Man (Columbia Pictures, 2002)
「スパイダーマン」（2002年米公開／コロンビア・ピクチャーズ）

Spider-Man 2 (Columbia Pictures, 2004)
「スパイダーマン２」（2004年米公開／コロンビア・ピクチャーズ）

Spider-Man 3 (Columbia Pictures, 2007)
「スパイダーマン３」（2007年米公開／コロンビア・ピクチャーズ）

We are planning to make a lot of films, but it's very difficult to make horror movies. They contain a lot of fear. So, I want to ask him about things like fear, ghosts, demons, and the origin of his ideas, but it's your (interviewers') option; what thoughts or products of his you're interested in, you can easily ask him about that.

OK then, I'll call him. From my inspiration, he will understand Japanese, but we need to practice speaking in English. So, as far as I can, I will speak in English, even if he can speak or hear Japanese. I'll try as far as I can. OK?

Then, I will summon the guardian spirit of Sam Raimi, famous director of films. The

私どもも、いろいろな映画をつくる予定ではありますが、ホラー映画は「恐怖」を中心に描くものなので非常につくるのが難しいのです。そこで、恐怖について、あるいは幽霊や悪魔や、この人の発想の原点などについて訊《き》いてみたいと思いますが、あなたがた（質問者たち）にお任せしますので、彼の考えや作品について興味がある点を気軽に訊いてみてください。

はい、それでは呼んでみますが、私のインスピレーションでは日本語がわかる方だと思います。ただ、英語を話す練習をしないといけませんので、日本語を話せたり聞けたりする方であっても、できるだけ英語で話してみたいと思います。できるだけやってみます。よろしいですか。

それでは、有名な映画監督であるサム・ライミの守護霊をお呼びします。サム・ライミさんの守護霊

guardian spirit of Mr. Sam Raimi, would you come down here? Would you come down here? Mr. Sam Raimi's guardian spirit, would you come down here?

[*About 5 seconds of silence.*]

[*Claps twice.*]

よ、どうか降りてきてください。どうか降りてきてください。サム・ライミ氏の守護霊よ、どうか降りてきてください。

（約５秒間の沈黙）

（二度、手を叩く）

The difficulty of making the Spider-Man series

Isono Good morning.

Sam Raimi's Guardian Spirit Good morning.

Isono Are you the guardian spirit of Mr. Sam Raimi?

Raimi's G.S. Uhn, yeah. Of course.

Isono Thank you very much for coming to Happy Science today.

Raimi's G.S. Of course.

なぜ「スパイダーマン」シリーズは難しかったのか

磯野　おはようございます。

サム・ライミ守護霊　おはようございます。

磯野　サム・ライミさんの守護霊様でしょうか。

サム・ライミ守護霊　はい、そうです。

磯野　本日は幸福の科学にお越しくださり、まことにありがとうございます。

サム・ライミ守護霊　いえ、とんでもない。

Isono We are so happy to have you here. We want to ask you a lot of questions about your real thinking, spiritual influences, and the hints or tips to create films. Is that OK?

Raimi's G.S. How much?

Isono "How much"?

Raimi's G.S. For how much? 10 billion?

Isono For free.

Raimi's G.S. Yeah.

Isono OK. Firstly, I'd like to ask you about

磯野　お招きできて大変うれしく思います。あなたのご本心や霊的な影響力、映画づくりのコツやヒントについて、いろいろ質問させていただきたいと思います。よろしいでしょうか。

サム・ライミ守護霊　いくらですか。

磯野　いくら？

サム・ライミ守護霊　いくらで？　100億？

磯野　（このインタビューは）ただなのですが。

サム・ライミ守護霊　ああ。

磯野　はい。まず初めに、スパイダーマンについて

Spider-Man. You started your career as a film director by making horror movies. One of your famous films is *The Evil Dead*, and from that movie, you are called "the master of horror movies."

Raimi's G.S. [*Laughs.*] Master? OK, OK, OK.

Isono But ordinary people watched the Spider-Man series and…

Raimi's G.S. "Ordinary people"!? Definition! "Ordinary people"?

Isono No, I mean, people all over the world...

お尋ねします。あなたは映画監督としてのキャリアをホラー映画からスタートされました。有名な作品は「死霊のはらわた」で、その映画のおかげで、あなたは「ホラー映画の巨匠」と呼ばれるようになりました。

サム・ライミ守護霊　（笑）「巨匠」ね。はい、まあ、いいですよ。

磯野　ただ、普通の人は「スパイダーマン」シリーズを観て……。

サム・ライミ守護霊　「普通の人」⁉　定義せよ！「普通の人」とは。

磯野　いえ、つまり、世界中の人たちが……。

Raimi's G.S. Extraordinary people, like Spider-Man?

Isono No, no. People all over the world loved watching the Spider-Man movies, so I'd like to ask about Spider-Man first. So firstly, how was it for you making the Spider-Man series, and what message did you want to convey through the films?

Raimi's G.S. Ah, it was a very difficult film series, I think, because there also was a basic story about Spider-Man from magazines, animations, or things like that. So, it was very difficult. Especially, the first one was very difficult because I had to describe the common

サム・ライミ守護霊　スパイダーマンとかは「普通じゃない」んだけど。

磯野　いえ、いえ。世界中の人たちが「スパイダーマン」の映画を観るのが好きですので、最初は「スパイダーマン」についてお聞きしたいと思います。まず、スパイダーマン・シリーズをつくられて、いかがでしたか。シリーズを通して、どういったメッセージを伝えたかったのでしょうか。

サム・ライミ守護霊　ああ。なかなか難しいシリーズだったと思います。雑誌やアニメなんかの、もとになるストーリーがあったので、すごく難しかった。特に一作目は難しかったですね。それらと共通するスパイダーマンのストーリーを描かないといけなかったので。「スパイダーマン」の事始《ことはじ》めのね。あの

Spider-Man story. It was the beginning of Spider-Man. So, at that time, I behaved like a cute cat because the corporation which helped us invested a lot of money, more than 20 or 30 million dollars, or something like that. So, I was very nervous at the time.

But the second one, *Spider-Man 2*, was very easy for me to make a new story because people praised me a lot when I established the first one. *Spider-Man 3* was the starting point of describing the •possession, I think, with a black Spider-Man. So, it's a fantastic movie of mine. I became very famous under the name of Spider-Man.

• "Possession" refers to a state where an evil spirit attaches itself and gives influence on a living human being.

ときは借りてきた猫みたいにおとなしくしてましたよ。支援してくれた企業が大金を2、3千万ドル以上出資してくれてたので、あのときはすごく気を使いました。

でも二作目の「スパイダーマン2」は、「1」を作り上げたときにすごくほめてもらえたおかげで、新しいストーリーを作りやすかったですね。そして「スパイダーマン3」で（主人公への）〝憑依《ひょうい》〟●が始まったんです。ブラック・スパイダーマンです。あれは自分としては素晴らしい作品で、「スパイダーマン」の監督ということで私も非常に有名になりました。

●悪霊が地上の人間に取り付いて影響を及ぼしている状態のこと。

But it is not my critical essence. My critical essence is *The Evil Dead* or *The Possession*, movies like that. Spider-Man was sold for younger... especially the children. So, even children can see that movie. It was a difficult hurdle for me. I want to make a very fearful movie. So, I'm afraid of making movies too much fearful for children, that they cannot see those movies. This is the goal for me. But generally speaking, making Spider-Man was very fun for me.

Shio Okawa Hello, I am your fan.

Raimi's G.S. I know, I know, I know, I know. I'm with you every day.

でも、あれは私の究極の本質じゃないので。私の究極の本質は、「死霊のはらわた」とか「ポゼッション」とかのほうです。「スパイダーマン」は若い……特に子供向けの売り物で、子供も観られる映画なので、私としてはハードルが高かったんですよ。私が作りたいのは「すごく怖い映画」のほうで、怖すぎて子供は観れないんではないかという心配もあるけれども、そちらが私の目標なんです。まあ全体的には、「スパイダーマン」をつくるのはすごく楽しかったですけどね。

大川紫央　こんにちは。私はあなたのファンです。

サム・ライミ守護霊　わかってますよ。毎日ご一緒してますから。

Shio Okawa [*Laughs.*] Thank you. I think you portrayed the mental conflicts and sufferings of Spider-Man. In an interview, Tobey Maguire said, "Spider-Man is Sam Raimi," and in another interview with you, you said, "I'm into him. I'm into Spider-Man." So, why do you understand a hero's heart so deeply?

Raimi's G.S. Tobey Maguire is Tobey Maguire. I am Sam Raimi. Quite different. I sometimes perform as an actor, but it's a bit of me. Tobey Maguire is very funny, and his expression of the mind is very sensitive. He's a sensitive character, himself. So, we are quite different.

大川紫央　（笑）ありがとうございます。あなたはスパイダーマンの心の葛藤《かっとう》や苦しみを描かれたと思います。（スパイダーマンを演じた）トビー・マグワイアはインタビューで、「スパイダーマンはサム・ライミ自身である」と言っていましたし、あなたは別のインタビューで、「スパイダーマンには夢中になった」とおっしゃっていました。なぜ、ヒーローの心がそれほど深くわかるのでしょうか。

サム・ライミ守護霊　トビー・マグワイアはトビー・マグワイアで、私はサム・ライミなので、全然違うんですけどね。私も俳優活動をすることはあるけれど、それは自分のなかのほんの一部です。トビー・マグワイアはすごく面白い人で、心の表現の仕方が非常に繊細《せんさい》です。彼自身、繊細な性格の人なので、全然違います。

If I were Spider-Man, I could destroy enemies completely, but he couldn't. He is very warm in heart and a good man, and to be a good man is his good point and also his wall or limit, I think. If I try to be a Spider-Man, I can be as far as being misunderstood to be a complete demon or something like that. Tobey Maguire felt that, "Mr. Sam Raimi said too much about difficult actions, and this director commands the actor about what he thinks in his mind," but I stick to the emotions, so he made much effort regarding that.

If a simple action movie... the fighting is harder and we can enjoy the movie, but Spider-Man is not so simple. It's very delicate and there are a lot of human relationships

私がスパイダーマンなら敵を完全に滅《ほろ》ぼしてしまえると思うけど、彼にはできませんから。心の温《あたた》かい、いい人なので。「いい人である」というのが彼の良いところであると同時に、壁であり限界でしょうね。私がスパイダーマンになろうとしたら、完全に悪魔か何かじゃないかと誤解されるところまで行くかもしれない。トビー・マグワイアは、「サム・ライミという人は難しいアクションのことばかり言うし、心の中で何を思うかまで俳優に命令する監督だ」と感じたでしょうが、私はその「感情」にこだわるので、彼もその点は非常に努力してくれました。

シンプルなアクション映画なら……戦いがもっと激しくて映画として楽しめますが、スパイダーマンはそれほど単純な映画じゃなくて、すごくデリケートだし、いろいろな人間関係を描いている映画なん

in that movie. Each of the relationships was created very deeply and well thought. For example, Spider-Man, Tobey Maguire, his uncle and his aunt, his girlfriend, his girlfriend has another boyfriend, and wants to marry someone. Or he has a friend, Harry, and Harry has a father, a scientific genius, but he became a demon-like figure. Peter Parker (Spider-Man) was urged to fight against his best friend's father, and finally, he was killed. After that, Peter was urged to fight against his best friend Harry, and finally, Harry dies. Something like that. So, a very complicated human relationship was woven into the story. This is the feature of this film, so it's very difficult.

If I write something like a horror movie,

です。一つひとつの人間関係が実に深く創《つく》り込まれ、よく考えられています。たとえばスパイダーマン役のトビー・マグワイア、おじさんとおばさん、ガールフレンド、そのガールフレンドには他のボーイフレンドもいて、誰かと結婚したいと思ってる。また、友人のハリーがいて、ハリーには天才科学者のお父さんがいるけど悪魔的な人物になってしまうので、ピーター・パーカー（スパイダーマン）は親友の父親と戦わざるを得なくなり、最後は彼（その父親）は殺されてしまう。そしてピーターは親友のハリーと戦わざるを得なくなり、最後はハリーも死んでしまうとかね。だから、非常に複雑な人間関係がストーリーに織り込まれているというのがこの映画の特徴で、すごく難しいんです。

　ホラー映画的なものを書こうと思ったら、けっこ

it's very easy (to do so). More dreadful scenes can appear, and the monsters can be more monster-like and aggressive. But Spider-Man is a little different. If he joins the Avengers, he has the weakest personality, so he will be an additional one like a kid. So, this is not an action movie. This is a movie which showed, "what is braveness," "how do you tell good from bad," or "what do you rely on," or something like that. It's a common theme of movies or novels, so it's different. In this meaning, it's a little difficult for me.

う簡単なんですよ。もっとおどろおどろしいシーンを出せるし、モンスターだって、もっとモンスターっぽい攻撃的なやつにできるんだけど、スパイダーマンはちょっと違うので。アベンジャーズに加わったって、いちばん性格が弱くて子供みたいな、おまけにすぎないし。だからアクション映画じゃなくて、「勇敢《ゆうかん》さとは何か」とか、「いかにして善悪を見分けるか」とか、「何に頼るべきか」とかを描いた映画なんです。映画や小説の普遍《ふへん》的なテーマであって、違うので、その意味で私としては、やや苦手というか。

"A hero is suddenly born out of ordinary people"

Shio Okawa I think your Spider-Man is more spiritual than *The Amazing Spider-Man.** What do you think is the different point?

Raimi's G.S. I like horror movies, and I like demons, devils. But I don't speak of other productions and other movies. "Speak of the devil, here he comes," so I don't want to say about the bad things regarding *The Amazing Spider-Man*. I already finished three movies of Spider-Man, so I think the additional

* A reboot of the Spider-Man series, directed by Marc Webb. Columbia Pictures, 2012.

ヒーローは「普通の人」の中から突然出てくるもの

大川紫央　あなたのスパイダーマンは、「アメイジング・スパイダーマン」（注）より霊的だと思います。その違いは何だと思われますでしょうか。

サム・ライミ守護霊　私はホラー映画が好きで、悪霊や悪魔が好きだけど、他の作品や映画のことをどうこう言うつもりはありません。「悪魔の話をすると、悪魔がやって来る（うわさをすれば影）」ので、「アメイジング・スパイダーマン」を悪く言いたくはないので。私がすでにスパイダーマンのシリーズを三本撮《と》り終えたあとだったので、追加で二本撮る

（注）マーク・ウェブ監督によって、「スパイダーマン」を再映画化した作品。2012年公開アメリカ映画。

two were very difficult to make. It's just my feeling, but the two, Garfield (Spider-Man) and his girlfriend, Emma Stone, these people acted as very smart guys, so it's a little different. My actors are not so smart. They are common people who are carrying out indecisive, common affairs, I mean, between parent and child, aunt or uncle and child, how to be a good boyfriend or girlfriend, or how can you be a hero when you are working as a pizza delivery man or a part-time photographer. Can you be a hero at that time?

In my eyes, I'm seeing the ordinary, common people. Sometimes they were at the edge of a cliff, and they changed into a hero. This is my most favorite theme because I,

のはすごく大変だったと思いますよ。まあ、あくまで私の感覚ですが、あの二人、（スパイダーマン役の）ガーフィールドと恋人役のエマ・ストーンの二人は、すごくスマートな人たちとして演じてたので、少し違いますね。私のほうの登場人物たちは、そんなにスマートなわけじゃなくて、優柔不断で平凡な事柄にかまけている「平凡な人たち」なんです。親子関係とか、おじ・おばと子供の関係とか、どうしたら素敵なボーイフレンドやガールフレンドになれるかとか、ピザの配達人やパートタイムの写真家をやりながらヒーローになるには、どうすればいいかとか。それでもヒーローになれるのか。

　私から見たら、普通の平凡な人間に見えているけど、崖《がけ》っぷちに立たされることがあるとヒーローに変わる。そういうテーマが一番好きなんですよ。私自身が平凡な人間なので。

myself, am an ordinary person.

But an ordinary person must sometimes change and be a hero, as a director of film. So, I'm very democratic in this meaning, but some people think that a hero was a hero, has been a hero and now he is a hero. I don't think so. "A hero is suddenly born out of ordinary people, it's the origin and source of an American hero," I comprehended like that. This is the difference.

でも平凡な人間でも変わるときは変わって、映画監督という名のヒーローにならなきゃいけない。そういう点では、私はけっこう民主主義的なタイプなんです。「ヒーローというのは昔もヒーローで、ずっとヒーローで、だから今もヒーローである」という考え方の人もいますが、私はそうは思いません。「ヒーローというものは普通の人の中から突然出てくるものである。それがアメリカン・ヒーローの原点であり源泉《げんせん》である」という風に私としては把握《はあく》していて、そこが違う点です。

2 The Starting Point of Sam Raimi's Ideas

He is "loved by a lot of ghosts"

Wada Hello. Thank you.

Raimi's G.S. OK. Beauty.

Wada [*Laughs.*] Hi. I think that the most interesting point about your movies is how realistic the characters are. You mentioned that each character has emotional struggles and moral conflicts, and I feel that you need to have a deep understanding of human nature...

2　サム・ライミ的発想の原点は

いろいろな幽霊から「気に入られている」

和田　ハロー。ありがとうございます。

サム・ライミ守護霊　オーケー、美人さん。

和田　（笑）こんにちは。あなたの映画で一番興味深いのは、登場人物たちがとても現実的なところだと思います。あなたは「登場人物の一人ひとりが感情面の葛藤や道徳面の対立をかかえている」とおっしゃっていますし、人間の本質を深く理解している必要があると思います……。

Raimi's G.S. No, no, no, no [*laughs*]. Too much. Too much. You said too much.

Wada Too much? How did you gain such deep understanding about people or about good and evil?

Raimi's G.S. I don't understand people, but I understand ghosts too much. A ghost appears when you are driven into the corner of the room of your life. For example, you don't have much money, but you must make films, or you want to study at the university, but you are very busy because you are making *The Evil Dead*, things like that. People sometimes feel a crisis, it's a very small crisis in my experience,

サム・ライミ守護霊　いや、いや、いや、いや（笑）。大げさですよ。大げさ。大げさな言い方です。

和田　大げさでしょうか。人間というものや善悪に関する、そういった深い理解は、どうやって得られたのでしょうか。

サム・ライミ守護霊　人間のことはわからないけど、幽霊のことならわかりすぎるくらいわかりますよ。幽霊というのは、生きていくなかで、部屋の片隅に追い詰められたようなときに「出る」ものなんです。たとえば、金もないのに映画を撮らなきゃいけないとか、大学で勉強したいのに「死霊のはらわた」を撮るのに忙しいとかいうような。人は危機的状況を感じるときというのがあって、そんなのは私が経験した非常に小さな危機的状況でしかないけれど、誰

but everyone has that crisis. My starting point is the crisis of the common, ordinary, small people. My prototype idea was, "Within a small house, there appears a tragedy." Without using much money, create fear, get money, and make a living. It's my common way. So, I don't know a lot about people, but I know about things like the fear of living, the fear of losing family relationships, or the fear of losing a college degree [*laughs*].

Shio Okawa Why do you love ghosts and devils so much?

Raimi's G.S. Oh, because I'm a ghost. I, of course, am a ghost. He, I mean not the living

にでもそういった危機的状況はあって、私の（発想の）原点は「平凡な普通の小さな人間が陥《おちい》る危機的状況」なんです。「小さな家の中で悲劇が起きる」というのが私のアイデアの原型です。あまり予算を使わずに恐怖をつくり出して、収入を得て生活していくというのが、私の通常のやり方なんです。決して人間に詳しいわけじゃないけど、生活の恐怖とか、家族と関係が切れてしまうことの恐怖とか、大学の学位を取りそこなう恐怖とかなら（笑）知ってるので。

大川紫央　なぜ、そんなに幽霊や悪魔のことが大好きなんですか。

サム・ライミ守護霊　ああ、だって私（守護霊）は幽霊だし。当然、（幽）霊ですよ。生きてるほうの

dead, the living Sam Raimi, earns money from ghosts, so he likes ghosts. And he's with me... or not with me, with us. Ninety percent of his life is a ghost's life. So, only 10 percent is regarding money, schedule or living – a real person in this world. But the other 90 percent, he, himself, has almost a ghost-like thinking, and sees ghosts only.

Ghosts are the gold for him and for me, of course. He was much loved by a lot of ghosts. Ghosts want an entrance to this superficial world, or three-dimensional world, from the underground world or of course the upper-side spiritual world. He is the key master of the entrance gate to this world. He is a gate

……「リビング・デッド」（生きている死人＝死霊、ゾンビ）じゃなくて「生きてるほうのサム・ライミ本人」は、幽霊ネタで稼《かせ》いでるから幽霊好きなわけで。彼は私と一緒……「私」じゃなく「私たち」と一緒にいるので、彼の生活の90パーセントは「幽霊生活」なんです。残る10パーセントだけは、お金やスケジュールや生活に関わるこの世の現実的な人間だけど、あとの90パーセントは彼自体がほぼ幽霊的な考え方で、幽霊のことしか眼中にないんです。

「ゴースト（幽霊）」は、彼にとって〝ゴールド（黄金）〟なんです。もちろん私にとっても。彼はいろんな幽霊からすごく気に入られてるんですよ。幽霊たちは地下の世界というか、（地下の）霊界の上のほうの世界から、こちら側の表の世界、三次元世界に入るための入り口がほしいので、彼はこの世への入り口の門の鍵を握っているキー・マスターなんで

master. It's made him very rich. If you like ghosts, you can earn money.

Raimi's guardian spirit gives his opinion on the origin of devils

Shio Okawa I think you are good at describing possession. In the Western countries, people think, for example, as seen in *Rosemary's Baby*,* that a devil is born as a baby, and an angel is an angel, and a devil is a devil from its time as a baby. But you describe possession. What do you think about that?

Raimi's G.S. Ah, it's difficult. There are

*Paramount Pictures, 1968.

す。門番ですね。それでリッチになったわけで。幽霊好きだと、お金になるんですよ。

サム・ライミ守護霊の考える「悪魔の発生原因」

大川紫央　あなたは「憑依」を描くのが上手《じょうず》だなと思います。西洋では、たとえば映画の「ローズマリーの赤ちゃん」（注）みたいに、「悪魔は赤ちゃんとして生まれて来て、赤ん坊の時から天使は天使で悪魔は悪魔だ」と思われていますけれど、あなたは憑依を描いています。この点に関してはいかがでしょうか。

サム・ライミ守護霊　ああ、難しい問題ですね。宗

（注）1968年公開のアメリカ映画。

varieties of religious cultures, so it's very difficult. You said that "an angel is an angel, and a devil is a devil," but you want to say that, "In a movie like *The Omen*,* why can a devil's child, the baby, be reborn into this world? Is this common in the Western society or not?"

I'm not sure about that, but my original identity is Jewish and to tell the truth, the Jewish have been regarded as demonish people from the Christian society. Also, the Jewish were thought to be demonish from the Islamic people. But on the contrary, the Islamic people were thought to be demons from the Christian and Jewish societies.

*20th Century Fox, 1976.

教文化はさまざまなので、非常に難しいんです。「天使は天使、悪魔は悪魔」と言われたけれども、おっしゃりたいのは、「なぜ映画の『オーメン』（注）みたいに、悪魔の子供が赤ちゃんとしてこの世に生まれ変わってくることができるのか。西洋社会ではそれが普通なのか」ということですよね。

私もよくはわからないんですが、私のもともとの出自はユダヤ人で、はっきり言えば、ユダヤ人はキリスト教社会から悪魔のような人たちだと見られてきたんです。さらには、ユダヤ人はイスラム教徒からも悪魔のように思われていました。逆にイスラム教徒は、キリスト教社会からもユダヤ教社会からも悪魔だと思われていました。

（注）1976 年公開のイギリス・アメリカ合作映画。

That is just one example, but there are a lot of religions in this world and there have been struggles between religions. The old religions were usually destroyed by the new religions, or new religions destroyed by old religions. At that time, the losers were called devils or evil, and were contained into the darkness or the common world. This is the origin of evil or devils.

So, if the Arabic people can be reborn into this world, in the context of the Jewish or Christian cultures, there can be the appearance of devils. At the same time, when the Arabic people think about the Jewish, they think that, "The Jewish should have been destroyed 2,000 years ago. They killed Jesus Christ." Christian

それは一例にすぎないけれど、世界には数多くの宗教があり、宗教間の争いがありました。たいていの場合は古い宗教が新しい宗教に滅ぼされるか、あるいは新しい宗教が古い宗教に滅ぼされる。そうすると、負けたほうは「悪魔」や「悪」呼ばわりされて、暗闇の中や卑《いや》しい世界に封じ込められてしまう。これが「悪」や「悪魔」の起源なんです。

だから、アラブ人がこの世に生まれ変わることができるなら、ユダヤ教文化やキリスト教文化の文脈で言うと「悪魔の出現」になるわけです。一方で、アラブ人がユダヤ人について思うのは、「ユダヤ人は２千年前に滅びるべきだった。イエス・キリストを殺したんだから」ということです。キリスト教徒も同様に、「救世主イエス・キリストを屠《ほふ》った奴ら

people think like that, "Those who destroyed or killed the savior, Jesus Christ, were devils." Jesus himself said so, "You are the being under the control of the devil." He said so, but devils won at that time. So, even the old Jewish people were thought of as devils.

This is the starting point of Hitler's policy. He was a Christian, and he thought that, "The Jewish people are devils. Jesus Christ was the loser at that time, but I must destroy the Jewish, perish the Jewish, for Jesus Christ." But he, himself, was Emperor Nero, it was said so.[★] Emperor Nero was the famous "666," the triple six of the prediction, it was said like that.

★According to spiritual investigations conducted by Happy Science, Hitler was possibly born as Emperor Nero in his past life.

は悪魔だ」と考えます。イエス自身がそう言ってますから。「おまえたちは悪魔に憑《つ》かれている」と。でも、あの時は悪魔が勝ったので。だから、昔のユダヤ人も悪魔だと思われていたんです。

ここが、ヒトラーの政策の出発点になった部分です。彼はキリスト教徒で、「ユダヤ人は悪魔である。あの時はイエス・キリストが負けたけど、自分がイエス・キリストのためにユダヤ人を滅ぼし、根絶《ねだ》やしにしなければならない」と考えたわけです。ただ、彼自体は皇帝ネロだったと言われていました（注）。皇帝ネロは有名な６６６、予言に出てくるトリプル・シックスだと言われていました。だから、誰が天使

（注）幸福の科学の霊査で、ヒトラーの過去世は皇帝ネロと推定されている。

So, "who is an angel and who is a devil" is very difficult to say. It must be decided at that moment, at that age, at that place, and at that country only. So, it's very, very difficult.

"I have some kind of spiritual power"

Isono Since you made lots of horror movies or ghost movies, I guess you might have some or many spiritual...

Raimi's G.S. Possession? [*Laughs.*]

Isono ...movies, like *The Possession*. I'm wondering if you have some psychic or spiritual powers.

で誰が悪魔かはきわめて難しい。その時、その時代、その場所、国だけで決めなければいけないので、きわめて難しいと思います。

「私はある種の霊能力を持っている」

磯野　あなたは幽霊の映画など、ホラー映画をたくさんつくられています。ですから、たぶん何らかの、あるいは多くの霊的……。

サム・ライミ守護霊　憑依ですか（笑）。

磯野　……「ポゼッション」（憑依）などの映画を。ですから、何らかの心霊能力というか霊能力をお持ちではないかと思うのですが。

Raimi's G.S. Of course, of course. I have, I have. I feel.

Isono Could you tell us some?

Raimi's G.S. I feel something. Especially, darkness.

Isono Darkness?

Raimi's G.S. Darkness. I'm very sensitive to darkness. Or, the mind. You have your mind, but I cannot see all of your mind. I can just see or look into the darkness of your soul, your mind, and I can imagine, "Who are you? How can I kill this bad guy?" in my imagination

サム・ライミ守護霊　それはありますよ。あります。感じます。

磯野　いくつか教えていただけませんでしょうか。

サム・ライミ守護霊　感じるものがあります。特に、暗闇。

磯野　暗闇ですか。

サム・ライミ守護霊　「暗闇」です。暗闇にはすごく敏感なので。あるいは「心」ですね。あなたには心があるけれど、私には、あなたの心のすべてを見ることはできない。できるのは、あなたの魂の、心の闇を覗《のぞ》き込んで、「こいつは誰なのか。どうすればこの悪い奴を殺せるのか」と想像の世界で思い描

[*laughs*]. It's my story, but I feel something, of course. I feel something.

But I feel a hero or an angel from heaven, only one percent (of the time). Ninety-nine percent is inspiration from the dark side because they are scattered around here. There are a lot of evil spirits in this world, but angels are very busy sleeping in the heavenly world or the upper-side of the clouds, so they can be seen only one percent, they appear only one percent. Ninety-nine percent are, honestly, devils or evil spirits [*laughs*].

くぐらいです（笑）。まあ、それは私のつくるストーリーの話だけど、当然、感じることはありますよ。何かを感じてはいます。

ただ、天国の天使やヒーローを感じることは1パーセントしかなくて、99パーセントは「ダーク・サイド」からのインスピレーションです。そういうのは、そこら中に散らばってるんで。悪霊ならこの世にたくさんいるけれど、天使は天上界で、雲の上で寝るのに忙しくて、1パーセントしか見えない、1パーセントしか現れない。99パーセントは実際のところ、悪魔か悪霊ですね（笑）。

3 Horror Movies Have Surprising Merits

You can gain the wisdom about the essence of a human being and his life

Wada You mentioned in an interview that you always include humor in your horror movies. What do you think is the most important aspect or characteristic of a good horror movie?

Raimi's G.S. The main point is that everyone can be the evil dead! This is the main point. [*Pointing to the interviewers one by one*] You, you, and you also, if [*pointing to Wada*] you are

3　ホラー映画には意外な存在理由が

人間の本質と人生に関する「智慧《ちえ》」が手に入る

和田　あなたはインタビューで、いつもホラー映画の中にユーモアを取り入れるようにしているとおっしゃっていました。優れたホラー映画には、どんな側面というか特徴がいちばん大切だと思われますか。

サム・ライミ守護霊　肝心《かんじん》な点はね、「どんな人でも死霊になる可能性はある」ということです！　ここがポイントなんです。（質問者を順に指差しながら）あなたも、あなたも、あなたも。もし（和田を指

insulted by [*pointing to Isono*] this person, you can be evil at that time, of course. [*Pointing to Isono*] You also. [*Pointing to the ladies in the audience*] These beautiful ladies, if someone says that you are ugly or a bad person, you can be the evil dead. And [*pointing to Shio Okawa*] you, if your husband said something bad to you, you can be the evil dead. This is the essence of a human being.

But in another meaning, it means "people can easily become demon-like existences, but if you know about that exactly, you can save yourself from the crisis of your lives." It's one of the knowledge or wisdom of life. Everyone can be a devil or an evil spirit, but you can escape from that crisis. You must firstly know

して）あなたが、（磯野を指して）この人から侮辱されたら、やはり「悪」になる可能性はあるんです。（磯野を指して）あなたもですよ。（会場の女性たちを指して）こちらの美しいレディのみなさんだって、誰かに「このブス！　悪い女め！」と言われたら、「死霊」になることもある。（総裁補佐に向かって）あなただって、ご主人に何かひどいことを言われたら「死霊」になる可能性はありますよ。それが人間の本質なんです。

でも別の意味としては、「人間は悪魔のような存在になってしまいやすいけれど、その点について正確に知っていれば、人生の危機的状況から自分を救うことができる」ということです。それは人生に関する一つの知識であり、人生の智慧《ちえ》なんです。誰でも悪魔や悪霊になり得るけれども、その危機的状況から逃れることは可能です。まずは、自分の実人生

the crisis in your real life, and at that time, you can look at other people as angel-like existences. People who know the darkness know the light world, I think.

The essence of horror movies is, "mental activity over budget"

Wada Master Okawa told us that American horror movies concentrate on the physical phenomena of ghosts, while Japanese horror movies focus on the spiritual, emotional side. Would you agree with that? Or, what do you think about that?

における危機的状況について知らなければいけない。そうすれば、他の人を天使のような存在として見ることもできるようになる。闇を知る者こそ、光の世界を知る者であると思います。

ホラー映画は予算より「心の動き」が決め手

和田　大川総裁は「アメリカのホラー映画は幽霊の物質的現象が中心であるのに対し、日本のホラー映画は精神的・感情的な面に焦点《しょうてん》をあてている」とおっしゃっています。あなたもそう思われますか。あるいは、その点についてどう思われますか。

Raimi's G.S. It might be a financial problem. If you have enough budget, you can do like us, but you don't have enough money to create horror movies, so it's impossible to make a forcible movie. This means, for example, destroying a lot of objects, burning a house, battle of cars, killing people with guns, or you need a lot of plot to perish one family, or CG. These things require a budget. Your budget is very small, so it's difficult. Of course, in America, sometimes something with a small budget gains great profit, like *The Evil Dead*. It had 350,000 dollars, but it gained a lot. This is "ghost magic."

I usually think that, for example, "How you can create fear." If you can create fear through

サム・ライミ守護霊　製作費の問題じゃないですかね。予算が十分あれば私たちみたいなやり方でいけるけど、ホラー映画を作るにはお金が足りないから、力で押しまくるような映画を作るのは無理なんですよ。要するに、いろいろな物の破壊ですね。家を燃やすとか、車のバトルとか、銃で人を殺すとか。一家を破滅させるのにいろんなプロット（筋）が必要だったり、CGも必要です。それには予算が要《い》るわけで、あなたがたは予算がすごく少ないので難しいでしょう。まあアメリカでも、「死霊のはらわた」みたいに低予算で高収益を上げられるものも、あることはあります。あれは35万ドルだったけど利益は大きかった。これぞ「幽霊マジック」です。

私がいつも思ってるのは、たとえば「いかにして恐怖をつくり出せるか」。モノを通して恐怖を生み

goods... for example, *The Meg*,[*] it's a monster film now on screen in Japan. It needed a lot of budget because a 25-meter shark was made using CG to make fear for the people in the sea. But if you don't use such kind of CG, what can you do? Only a chainsaw can create fear like that. It's very cheap. Cheap. Maybe 100 or 1,000 dollars. You can easily make fear. It's my starting point.

So, I usually think, "Don't use money and make fear" because fear is a mental activity. A mental activity doesn't need a lot of artificial creatures or things like that. To make a monster-like creature, you need money.

*A Chinese-American co-production. Warner Bros. Pictures, 2018.

出せるなら……。たとえば「MEG《メグ》」（注）とかは、今、日本で上映しているモンスター映画だけど、すごく予算が要ったんですよ。海水浴客たちの恐怖をつくり出すために、25メートルのサメをCGで作る必要があったので。でも、そういうCGを使わないとしたら何ができるか。チェーンソーだけだって、そういう恐怖はつくり出せるんです。すごく安上がりです。安い。せいぜい百ドルか千ドルでしょう。簡単に恐怖をつくり出すことができる。私はそういうところから始めるんです。

　だから、私は常に、お金をかけないで恐怖をつくり出すことを考えています。恐怖というのは「心の働き」なんでね。心の働きには、いろんな人工的なクリーチャー（生き物）とかは必要ないんです。モンスターみたいなクリーチャーを作るのはお金がか

（注）「MEG ザ・モンスター」。2018年公開のアメリカ・中国合作映画。

To tell the truth, I don't like *The Avengers*-like movies. They cost too much. So, please describe your inner world without money. It's the origin of your creative inspiration.

Isono Just as you said, we, Happy Science have a plan to make a horror movie in the very near future.* If you were to direct that Happy Science horror movie, what would you do?

Raimi's G.S. Choose the ghost first. What kind of ghost you choose is essential, and the character of the actor is very essential. Usually,

* Here, Isono is referring to the movie, *Shinrei Kissa EXTRA no Himitsu – The Real Exorcist* – (literally, "The Secret of Spirits' Café EXTRA – The Real Exorcist –") to be released in early summer 2020. Executive producer and original script by Ryuho Okawa.

かるでしょう。私は本音《ほんね》では、「アベンジャーズ」みたいな映画は好きじゃないんですよ。コストがかかりすぎるので。だから、お金はかけなくていいから「内面の世界」を描くようにしてください。それが創造的インスピレーションの原点です。

磯野 まさに今おっしゃったように、私たち幸福の科学は非常に近い将来、ホラー映画をつくる計画があります（注）。あなたがその幸福の科学のホラー映画を監督するとしたら、何をされますか。

サム・ライミ守護霊 まずはゴースト（幽霊）の人選です。どんなゴーストを選ぶかが決め手です。それと、俳優のキャラが重要な決め手です。基本、俳

（注）2020年初夏公開予定の映画「心霊喫茶『エクストラ』の秘密―The Real Exorcist―」（製作総指揮・原案 大川隆法）のこと。

that actor should be cheerful. You understand? He or she is living a happy life, and the expression is very good. Such a person can be easily tricked by a crisis. So then, you penetrate his or her mind, you shoot him or her with the bullet called "ghosts." Then, the usual lifestyle is destroyed, and the personality changes. What happens next? This is the original theory.

Horror movies can destroy materialistic countries

Isono Thank you. Could you continue to the next hint, I mean tip? We, Happy Science, as a religious group, are trying to make a horror movie, but we don't want people to feel

優は明るく元気な人のほうがいいんですよ。わかりますかね。彼または彼女はハッピーな人生を生きていて、すごくいい表情をしている。そんな人間が危機的状況にはまりやすいわけです。そして、彼または彼女の心を串刺《くしざ》しにしてやる。ゴーストという名の弾丸《だんがん》をぶち込んでやる。それによって日常生活が破壊され、人格が変わってしまい、さあ、その次はどうなるか。これが基本となるセオリーです。

ホラー映画で唯物論国家を崩壊させることができる

磯野　ありがとうございます。続けて次のヒントをいただけますでしょうか。私たち幸福の科学は宗教団体としてホラー映画を作ろうとしていますが、人に不快感を与えたり、地獄や霊界のダーク・サイド

uncomfortable, or to connect to hell or the dark side of the spiritual world. So, how could we make the film, so that people are led to faith or the heavenly world?

Raimi's G.S. Hmm, it's difficult. But firstly, my *The Evil Dead*, *Drag Me to Hell*, or *The Possession*, these movies can destroy mono-theory China-like empires. They are thinking just to get goods or money only, but to live happily, human beings need peace of mind in them. What is the enemy of peace of mind? Oh, it's the evil dead, hell, or possession. They must be swung by these movies, so you can use these movies instead of nuclear weapons. You can shake that kind of gigantic, Marxist

に通じさせたりしたくはありません。そこで、人々が信仰や天上界につながるような映画を作るにはどうすればいいでしょうか。

サム・ライミ守護霊　うーん、難しいけど、一点目としては、私の「死霊のはらわた」とか「スペル」とか「ポゼッション」とかの映画は、単一理論の中国みたいな帝国を崩壊させることができるんです。彼らはモノやお金を手に入れることしか頭にないけど、人が幸福に生きていくためには「内なる心の平和」が必要です。何が心の平和の敵なのか。ああ、それこそ死霊であり地獄であり憑依ですよ。そういうものを、こういう映画で揺さぶってやらないといけません。こういう映画は核兵器の代わりに使えるので、あの手の巨大なマルクス主義国家を震撼《しんかん》させ

country.

The Jewish and the Japanese are originally very spiritual people, so we can resist this movement of communism. Communists think, "Only goods are real," "Spirits are evil," or "Religion is a drug-like existence," and they have power now, but we must go hand-in-hand and resist against this kind of thinking. If we don't do so, the Jewish, the Japanese, or other religious people will be perished in this century.

So, even the bad movies as you think, "Movies with Satan or devils as superstars are not good," you usually think so, but they are not the worst. They are worse movies, but not the worst. The worst are the people who think

ることができるわけです。

　ユダヤ人と日本人は、もともと非常に霊的な民族なので、この共産主義の動きに対抗することができるんです。共産主義者たちは「物しかない」「霊は悪しきものだ」「宗教は麻薬のような存在だ」と思っていて、現在、力を持っていますが、私たちは手を携《たずさ》えて、そういう考え方に抵抗していかなければなりません。さもなくばユダヤ人も日本人も、それ以外の宗教的な民族も、今世紀中に滅ぼされてしまうでしょう。

　だから、良くないと思う映画であっても、「サタンや悪魔がスーパースターの映画なんて良くない」と普通は思うものだけど、それでも最悪ではないんですよ。良くない映画ではあるけれど最悪ではない。最悪なのは、「霊界などない。天国もなければ

like, “There is no spiritual world, there is no heavenly world, and there is no hell.” These people are very dangerous, so they must be confined in a cage.

This is a fight, I think. I’m fighting through my movies. You, too, can fight. You don’t use ballistic missiles or nuclear missiles to fight against a China-like gigantic empire. You are a religion. You should not be like the Islamic religion. They are fighting, but they don’t have nuclear weapons now. But, you can make a new culture and influence them. It’s your way, I think.

地獄もない」と思っている人たちです。彼らはきわめて危険なので、檻《おり》の中に収容しないと駄目です。

これは「戦い」だと思ってます。私は映画を通して戦ってるんです。あなたがたも戦えるんですよ。あなたがたは中国みたいな巨大帝国と、弾道ミサイルや核ミサイルでもって戦うわけじゃないでしょう。宗教ですから。イスラム教みたいになったら駄《だ》目《め》ですよ。彼らは戦ってるけど、今のところ核兵器は持ってない。でもあなたがたは、「新しい文化」をつくり出して彼らに影響を与えることができます。それがあなたがたのやり方なんじゃないでしょうか。

4 On Jewish and Japanese People

Where in the spiritual world does Sam Raimi receive inspiration from?

Isono Thank you for your strong message. I have another question. While you are making horror films, what kind of spiritual influence or inspiration do you receive, and if possible, where do you think it comes from?

Raimi's G.S. Ms. Shio Okawa likes me, so I must produce those kinds of movies. You want to experience fear because you are a brave lady, a Supergirl-like person. Supergirl needs

4　日本人とユダヤ人について

どんな霊界からインスピレーションを受けているのか

磯野　力強いメッセージをありがとうございます。次の質問をさせていただきます。あなたがホラー映画を作っている間は、どのような霊的影響、どのようなインスピレーションを受けているのでしょうか。また、可能であれば、それらはどこから来ていると思われますか。

サム・ライミ守護霊　大川紫央さんが私のことを好きなので、そういう映画を製作しないといけませんからね。あなたは恐怖を体験したいんでしょう。勇敢な女性なので。スーパーガールみたいな人だし。

a crisis. A crisis is the dark side of everyday culture. You are the Ghostbusters.

Shio Okawa Do you receive inspiration from heaven?

Raimi's G.S. No.

Shio Okawa [*Laughs.*]

Isono From where?

Raimi's G.S. I don't know, but from the spiritual world. I don't think it's from heaven.

スーパーガールには危機的状況が必要なんですよ。危機的状況とは、日々の生活の「ダーク・サイド」のことです。あなたがたは「ゴーストバスター（幽霊退治《たいじ》人）」をやってるわけなので。

大川紫央　天国からインスピレーションを受けていらっしゃるのでしょうか。

サム・ライミ守護霊　「ノー」です。

大川紫央　（笑）

磯野　どこからですか。

サム・ライミ守護霊　わかりません。霊界は霊界ですが、天国からではないと思います。もしかしたら、

I might be an angel in hell.

Shio Okawa What is your mission?

Raimi's G.S. To give fear to people.

Shio Okawa [*Laughs.*] But you are the guardian spirit of Sam Raimi.

Raimi's G.S. Oh! Yeah, the guardian... hmm... yeah, the "pushing" spirit of Sam Raimi.

Shio Okawa So, what do you always do in the spiritual world?

私は「地獄の天使」なのかもしれないし。

大川紫央　あなたの使命は何ですか。

サム・ライミ守護霊　人々に恐怖を与えることです。

大川紫央　（笑）でも、あなたはサム・ライミの守護霊ですよね。

サム・ライミ守護霊　おっと！　そうか、守護……うーん……そう、サム・ライミの「後押《あとお》し霊」です。

大川紫央　では、いつも霊界では何をされていますか。

Raimi's G.S. I act like a demon.

Isono Are you saying that you are living in hell and acting like a demon?

Raimi's G.S. Yeah, for you.

Isono [*Laughs.*] Really?

Raimi's G.S. Yeah, then you can get work.

Wada Are there any spirits near you? Who are you friends with?

サム・ライミ守護霊　〝魔王的な〟活動をしています。

磯野　地獄に住んでいて、魔王のような活動をしているということですか。

サム・ライミ守護霊　はい。あなたがたのためですよ。

磯野　（笑）本当ですか。

サム・ライミ守護霊　そう。そうすれば、あなたがたの仕事があるでしょう。

和田　近くに誰かの霊はいますか。どういった方とお友だちですか。

Raimi's G.S. Oh, I have a lot of devil friends, of course. Our gods, the Jewish gods, are devils nowadays, so I'm speaking instead of them. They used to be the gods of the world, but now after the appearance of Hitler, they became evil and devils. So, devils will do as devils do. Is it good or not?

I think the Islamic deed is devil-like, and in Christianity, there were a lot of devils. I'm thinking that we are a very small group, but we were very connected to Japanese Shintoism in the ancient age, we influenced each other, so we are very spiritual nations. The Japanese and the Jewish are very spiritual, but spiritual people are easily dispelled from this world by dint of science, pragmatism, or things like that,

サム・ライミ守護霊　ああ、ちゃんと「悪魔友だち」が大勢いますよ。私たちの神、ユダヤの神は、現代では〝悪魔〟になってしまってるので、私が彼らを代弁してるんです。彼らは以前は世界的な神だったのに、ヒトラーが出てきてからは悪、悪魔になってしまったので、悪魔なら悪魔のやりそうなことをやるでしょうね。それはいいのか悪いのか。

イスラム教徒がやってることには悪魔のような面もあると思うし、キリスト教だって悪魔はたくさんいましたからね。私たちはすごく小さなグループだと思ってますけど、古代には日本神道と深いつながりがあって、お互い影響し合っていたので、非常に霊的な国民なんです。日本人もユダヤ人も非常に霊的なんだけど、霊的な人間は「科学」とか「実用主義」とかによってこの世から追いやられてしまいやすいので。私たちは〝悪魔〟なんだから、仲良くし

so we are "devils." So, be friends with me.

What Japan needs now from the standpoint of the world

Isono It is often said that the Japanese and Jewish spiritual worlds have a deep connection. If possible, could you tell us about it?

Raimi's G.S. We need more population or supporters. In the near future, you are going to Germany to have a session with the European people*, but the German people think that the Japanese modern age is like the German

* The author gave a lecture titled, "Love for the Future" on October 7, 2018, at The Ritz-Carlton Berlin in Berlin, Germany. See *Love for the Future* (New York: IRH Press, 2019)

ましょうよ。

今、世界の中の日本に必要なもの

磯野　日本霊界とユダヤ霊界には深いつながりがあると、よく言われるのですが、よろしければ、それについてお話しいただけますでしょうか。

サム・ライミ守護霊　人口も支持者の数も、もっと増やす必要があるでしょうね。あなたがたはもうすぐドイツに行ってヨーロッパの人たちと行事を持つようですが（注）、ドイツ人は、「日本の近現代はドイツの近現代と似ていて、ヒトラーイズムはすな

（注）2018年10月7日、ドイツ・ベルリンのリッツ・カールトンで「Love for the Future」（未来への愛）と題して講演会を行った。『Love for the Future』（幸福の科学出版刊）参照。

modern age, Hitler-ism is Hirohito-ism, so they criticize the Japanese people. They think, "We, German people, criticized ourselves and made reflections regarding World War II, but now, in the Abe age, the Prime Minister Abe age, there appeared another fascism. The Japanese people never made reflections, and they don't think of themselves as evil people." So, the European, Chinese, and Korean people are criticizing you.

But you don't think too much about that. You are living in an island nation, and you are happy because you do not hear such criticisms, but in Germany, people feel like that. In Germany, they criticize themselves and their modern history, so German people

わち裕仁《ひろひと》イズムである」と思っているので、日本人に対しては批判的です。「われわれドイツ人は自己批判をし、第二次世界大戦に関して反省したけれど、安倍首相の時代になって新たなファシズムが出てきた」と思ってるんです。「日本人は全然反省してないし、自分たちが悪いと思っていない」と。だからヨーロッパ人も中国人も韓国人も、あなたがたを批判しているわけです。

ところがあなたがたは、それについてあまり考えていません。島国に住んでいるので、そういう批判が耳に入らないから機嫌良くやってるけど、ドイツではそう感じてるんですよ。ドイツでは、自分たちのことや自分たちの近現代史を自己批判しているので、ドイツ人は日本人も自分たちと同じようにする

require Japanese people to do as they did. For example, they like Hatoyama–like people. People like the former Japanese Prime Minister Yukio Hatoyama usually say, "Sorry, sorry, we are sorry, the Japanese are sorry. Japan is a bad country, and we will give money to the Chinese, South Korean, and North Korean people. We are bad." He usually says so. The European people, especially German Chancellor Merkel, welcome that kind of attitude.

That's a problem of yours in the near future, in your coming conference or speech. You misunderstand yourselves, and you misunderstand the German people. They are stamped as an evil nation, or the German

ことを求めてるんです。たとえば、鳩山《はとやま》的な人物が好きなわけです。鳩山由紀夫《ゆきお》元首相みたいな人は、いつも「すみませんでした。ごめんなさい。申し訳ありません。日本人としてお詫《わ》びします。日本は悪い国ですからお金を出します。中国人にも韓国人にも北朝鮮国民にも差し出します。私たちが悪いんです」と、そんなことばかり言ってて、ヨーロッパの人たち、特にドイツのメルケル首相は、そういう姿勢を歓迎してますけどね。

　そこが、今回の会議というか講演で、あなたがたの問題点なんです。あなたがたには自分たちに関してもドイツ人に関しても誤解があります。彼らは「悪の国家」だという烙印《らくいん》を押されてるんです。というか、ドイツ人は「死霊」なんです。ドイツ人自身が

people are the evil dead. They, themselves, think like that, and they say that the Japanese people are also the evil dead. But you don't agree with this opinion. Mr. Abe is thought to be a Hitler- or Mussolini-like person.

But [*sighs*] it's very difficult. You need spirituality, you need God, or you need faith in the gods of your country. Your gods, the Japanese gods, are devils, they think. "They" means the old American people, or of course, people like the Europeans, Chinese, and Koreans. You have few friends, so you must make new friends. Please make a new culture of soft power to influence the people in other countries. You need other spiritual movies to change the opinion of the world.

そう思ってるんですが、「日本人も死霊だ」と言ってるんです。でも、あなたがたは、そんな意見には同意しないでしょう。安倍さんは、ヒトラーやムッソリーニみたいな人間だと思われてるんですよ。

ただ、（ため息）実に難しい問題ですね。あなたがたには「霊性」が必要であり「神」が必要であり、「自国の神に対する信仰心」が必要です。日本の神々は悪魔だと思われてますから。年配のアメリカ人とか、ヨーロッパ人もそうだし、中国人も、コリア（南北朝鮮）の人たちなんかもそう思ってますから。あなたがたには友人が少ないから、新しい友人をつくらなければ駄目です。ぜひ、諸外国の人々に影響を与えるような、「新たなソフト文化」を生み出してください。世界中の意見を変えていくために、スピリチュアルな映画をもっとつくる必要がありますね。

5 Gods and Devils

How to spread the existence of El Cantare, God of the Earth

Wada Do you have any spiritual ties with El Cantare?

Raimi's G.S. El Cantare? Hmm… Spiritual ties with El Cantare? El Cantare is not Spider-Man. [*Tugging at his suit sleeve*] This is black Spider-Man-like.

But El Cantare is almost nothing in the world today because of His bad disciples. You are too much self-centered. You need

5 「神と悪魔」について語る

「地球神」エル・カンターレの存在を知らせるには

和田 エル・カンターレと何らかの霊的な縁はおありですか。

サム・ライミ守護霊 エル・カンターレですか。うーん……エル・カンターレとの霊的な縁ねえ。エル・カンターレはスパイダーマンじゃないし。（着ているスーツの袖を引っ張りながら）これはブラック・スパイダーマンみたいだけど。

まあエル・カンターレといっても、現時点では世界的には「無」に等しいんですよ、弟子の出来が悪いので。あまりに自団体中心的だし。総裁をエル・

billions of people, billions of supporters to "produce" your Master as El Cantare, as the God of the Earth or the God of Justice. You need more power, influence, or supporters. Your movement is very small. If you ask, "Do you know Ryuho Okawa? Do you know El Cantare?" in America, only one in ten thousand people will answer, "Oh, I know him." It's the reality, so your work is not so good. Your level is less than Sam Raimi's.

If you hire me, I will assist you. Please give me 10 billion yen. It's OK. I will assist you for one month or so. I can give inspiration or I can co-produce your films. It's good for you. You can be famous. Please use Sam Raimi. A devil's force is very essential. Powerful.

カンターレとして、「地球神」や「正義の神」としてプロデュースするためには、人数が、サポーターが何十億人もいないと駄目でしょう。もっと力が、影響力が、支持者が多くないと。あなたがたの活動は全然小さすぎるので。アメリカで「大川隆法を知ってますか。エル・カンターレをご存じですか」と訊いてみれば、「ああ、知ってますよ」という人は一万人に一人しかいないでしょう。それが現実なんで、こんなの仕事になってません。サム・ライミ以下のレベルですね。

私を雇《やと》ってくれたら、お手伝いしますよ。100億円も出してもらえればいいんで、1カ月ほどお手伝いします。おたくの映画にインスピレーションを与えたり、共同制作でもいいし。お役に立てますよ。有名になれます。ぜひサム・ライミを使ってください。〝悪魔の力〟は絶対に欠かせないものなんです。

"To know a devil is to know God"

Shio Okawa You have been describing devilish spirits or about spells, so I think you catch or understand not only a hero's heart, but also a devil's heart. I want to ask you, please teach me what kind of points we need to defeat devils.

Raimi's G.S. No, no, no, no. It's difficult. We are gods and devils because we have freedom. We have freedom of will and this freedom of will comes from the real God. The real God gave us human beings the freedom of

パワフルです。

悪魔を知ることが神を知ることである

大川紫央　あなたは悪魔の霊や呪《のろ》いを描いてこられたので、ヒーローの心だけでなく悪魔の心もキャッチして理解されていると思います。そこでお尋《たず》ねしたいのですが、私たちが悪魔に打ち勝つために必要なポイントについて教えていただけますでしょうか。

サム・ライミ守護霊　いや、いや。そこは難しいところであって。われわれは、神であり悪魔でもある。「自由」があるからです。自由意志があって、この自由意志は真なる神から来ているものです。真なる神が人間に自由意志を与え、人は自由意志によって

will. The freedom of will make us evil beings or God-like beings, we can choose in every case, in every situation. We can be saints, we can also be devils. In this earthly world, we can easily make a devil-like choice, so be careful about that.

To tell the truth, people are working at their firms to earn money for their families, but they usually think that their superiors or supervisors are bad, such as, "I want to kill him" or "I want to put a bad spell on him." This is the reality. If you watch my spiritual movies, some of your bad emotions will be dismissed or will disappear from your heart, and you can be a saint-like existence. So, these are bad movies, but bad movies will make you

「悪の存在」にも「神近き存在」にもなる。あらゆる場合、あらゆる状況において、選択が可能なんです。聖人にも悪魔にもなることができる。この地上世界では悪魔的な選択をしてしまいやすいので、注意しなければいけません。

本当のところ、家族を養うお金を稼《かせ》ぐために会社で働いてる人は、たいてい上司のことを悪く思っているものなんですよ。「殺してやりたい」とか「呪いをかけてやりたい」とか。それが実態なので、私のスピリチュアルな映画を観ると、悪い感情がある程度、心の中から抜けて消えていって、聖人君子《せいじんくんし》みたいな人間になれるんです。だから、悪い映画は悪い映画なんだけど、悪い映画によって自分をクリーニングすることができて、毎日きれいな心になれるというわけです。

clean, and you can clean your mind every day.

And, please remember the freedom of will which was given by God. We must work to make small-pieces of a movie, but during that time, we are also seeking for the figure of the real God. What is the real meaning of this world? What is the real intention of God? Where is the real God? Is it the Jewish God, Arabic God, Christian God, or Japanese Shinto God? What is the real God? What are the teachings of the real God?

You said that El Cantare is the real God, but you need billions of supporters for that. You need more effort, I think. Movies are one of the tools for that. I said too much about devils or evil, but it's a common style of the

そして、神が与えてくださっている自由意志を思い出してください。私たちは仕事として映画を少しずつ撮っていかないといけないけど、その仕事をしつつ、「真なる神の姿」を求めてもいるんです。この世界には本当はどんな意味があるのか。神の本当の意図は何なのか。真なる神はどこにおられるのか。ユダヤの神か、アラブの神か、クリスチャンの神か、日本神道の神か。「真なる神」とは何なのか。「真なる神の教え」とは何なのか。

エル・カンターレが本物の神だと言われたけど、それには信者が何十億人もいないと駄目です。もっと努力しないといけないんじゃないですかね。映画はそのためのツールの一つです。悪魔や悪のことばかり言いすぎましたが、それが世間一般の人たちの

people in this world. If you look at the mirror, what's in it? Is it a god, a saint, a devil, or an evil spirit-like existence? My works themselves are a reflection of people, especially the people of the modern, competitive world.

So, I'm not a saint, but I can make a saint. To know a devil is to know God. To know an evil spirit means to know what a savior or saint is. So, they are both sides of a coin, I think. I don't know where I should go in the near future, hell or the heavenly world, I don't know. The Jewish world is not heaven, it's the hell of this world. If I want to be a god, I am a devil. If I want to be a devil, I am a god. So, it's very, very confusing... I like you, so please like me.

よくあるスタイルなんですよ。だから、鏡を見てみれば、そこに何が映っているか。神か、聖人か、悪魔か、悪霊みたいな存在か。私の作品それ自体が、人間たちの姿を反映してるんです。特に、現代の競争社会に生きる人たちの反映なんです。

私は聖人じゃないけど、聖人をつくり出すことはできます。「悪魔を知ることが神を知ること」なんです。「悪霊を知ることは、救世主や聖人とは何かを知るということ」なんです。だから、コインの裏表だと思います。自分がいずれ、どこに行くことになるかはわかりません。地獄か天上界かわかりません。ユダヤ人の世界は天国じゃなくて、この世の地獄なんです。だから、私が神になりたいと思えば悪魔になって、悪魔になりたいと思えば神になるわけで、実にややこしいけど……あなたのことは好きなので、私のことも好きになってくださいよ。

Shio Okawa Yes, I love you [*laughs*].

[*Audience laughs.*]

Raimi's G.S. Oh, "love"! Oh, love! Love! Love! Love is a God-nature [*claps once*]!

Shio Okawa Yes, thank you very much.

大川紫央　はい。愛してます。（笑）

（会場笑）

サム・ライミ守護霊　ああ、「愛してる」！　おお、愛！ 愛！ 愛！　愛とは神の性質である！（手を叩く）

大川紫央　はい。ありがとうございます。

6 Sam Raimi's Past Life As a Horror Writer

A past life in Japan?

Isono In the introduction, Master Okawa said you can understand Japanese.

Raimi's G.S. Uh huh.

Isono So, I'm wondering if you had some reincarnations in Japan.

Raimi's G.S. Oh, *nihongo de ikimasuka*? ("Should we speak in Japanese?" in Japanese.)

6　サム・ライミの過去世は あの〝ホラー作家〟

日本にも転生《てんしょう》していた？

磯野　冒頭部分で総裁先生は、あなたは日本語が理解できるとおっしゃいました。

サム・ライミ守護霊　はい。

磯野　なので、もしかしたら日本での転生がおありではないかと思うのですが。

サム・ライミ守護霊　ああ、ニホンゴデ、イキマスカ？

Isono [*Laughs.*] No, no, in English please.

Raimi's G.S. English? OK, in English. Oh, do you know *Ugetsu-Harusame Monogatari*? Shusei Ueda wrote that story. I am.

Isono So, you were Ue…

Raimi's G.S. A Japanese, Shusei Ueda.

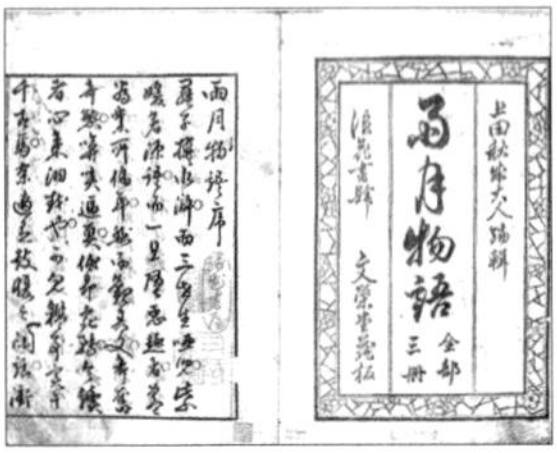

『雨月物語』第四版の見返、序。九編の短編からなる怪談・怪異小説集。愛憎や執着、悔恨など、人間の心のなかの闇が巧《たく》みな筆致で描かれている。

The front endpaper and the preface of *Ugetsu Monogatari*, fourth edition. It is a collection of nine short supernatural tales that depict the darkness of the human mind, such as love and hatred, attachment, and grudge.

磯野　（笑）いえいえ。英語でお願いします。

サム・ライミ守護霊　英語？　オーケー。英語ね。ああ、『雨月《うげつ》・春雨物語《はるさめものがたり》』はご存じですか。上田秋《うえだしゅう》成《せい》が書いた物語ですけど。私です。

磯野　では、あなたは上……。

サム・ライミ守護霊　日本人です。上田秋成です。

上田秋成《うえだあきなり》（1734 ~ 1809）
江戸時代の小説家、国学者。大坂に生まれる。俳諧、和歌、国学を学び、浮世草子や読本（いずれも小説の一種）を執筆する。本居宣長と国学上の論争をしたことでも知られる。

Akinari(Shusei) Ueda (1734~1809) was a novelist and scholar during the Edo period of Japan. He studied haikai, waka, and kokugaku(the study of Japanese philology and philosophy), and wrote *ukiyozoshi* and *yomihon*, which were both a type of novel. He and Norinaga Motoori were in a dispute over kokugaku.

Isono Uh huh. Do you have another?

Raimi's G.S. Reincarnation?

Isono Yes.

Raimi's G.S. I was the helper of Izanagi-no-O-kami. When he divorced or lost his wife, and she went down to hell, he needed new wives. I was one of his wives. So, I know a lot about how to *oharai*, or how to resist and get rid of evil spirits, and get rid of possession.

Isono Evil spirits and devils?

Raimi's G.S. Yeah. So, I'm a professional, of

磯野　なるほど。その他にはありますか。

サム・ライミ守護霊　転生ですか。

磯野　はい。

サム・ライミ守護霊　伊邪那岐大神《いざなぎのおおかみ》をお助けする者でした。あの方が離婚して、というか奥様を亡くされて、奥様が黄泉《よみ》の国（地獄）に堕《お》ちたときに新しい奥さんたちが必要になって、私はその一人なんです。だからお祓《はら》いの仕方というか、悪霊や憑依を退けて外《はず》すやり方には詳しいんです。

磯野　悪霊、悪魔ですね。

サム・ライミ守護霊　はい。だから、プロなわけで

course.

Wada Could you give us some tips about how to expel them?

Raimi's G.S. Strengthen your will. And say straightly, bad words toward evil spirits. "Go to hell. You are a bad guy!" Please say straightly, like you.

Shio Okawa Yeah.

Raimi's G.S. She commonly uses those kinds of words.

Shio Okawa Yes.

すよ。

和田　撃退方法に関して、何かヒントをいただけませんか。

サム・ライミ守護霊　思い（念力）を強めること。そして悪霊に対して、ストレートに悪い言葉を言うことです。「地獄に堕ちろ！　お前は悪だ！」とストレートに言うことです。あなたみたいに。

大川紫央　はい。

サム・ライミ守護霊　彼女は普段、そういう言葉を使ってるから。

大川紫央　はい。

Raimi's G.S. Because she is such kind of exorcist.

Are American heroes different from Jewish heroes?

Shio Okawa In the spiritual world, do you know Stan Lee?

Raimi's G.S. Stan Lee!? Hmm, the famous great figure. Yeah. Stan Lee. Hmm... but he is a little... how do I say... "*Kobi-wo-uru*"(to fawn over someone) in English?

Shio Okawa I think Stan Lee also has his roots in the Jewish spiritual world, so...

サム・ライミ守護霊　そういうエクソシスト（悪魔祓《ばら》い師）の方ですから。

アメリカン・ヒーローとユダヤ的ヒーローは違うのか

大川紫央　霊界では、スタン・リーはご存じですか。

サム・ライミ守護霊　スタン・リーですか!?　うーん、有名な大物ですわね。うん。スタン・リーね。うーん……ただ、彼はちょっと……何て言うか……「媚《こ》びを売る」は英語では何と言いますかね。

大川紫央　スタン・リーも、ルーツはユダヤ霊界だと思いますので……。

Raimi's G.S. Yeah. He wants to design Jewish-origin gods-like heroes of America now. But I think the Jewish-origin gods are comprehended as devils in this world, in this age, so it's a little different.

He wants the American heroes to be the same as the Jewish heroes, but it's one problem. What do they think about Jesus Christ? Was it justice to kill Jesus Christ or not? It's a fate? Just a fate? Or God's plan? Did God just want to let the demons kill Jesus Christ? Is Christianity quite contrary to the real truth? Was Jesus Christ a weak god, and was he destroyed by strong devils or not? There are a lot of questions regarding that. Stan Lee doesn't say anything about that.

サム・ライミ守護霊　そうですよ。彼は今、ユダヤ起源《きげん》の神々風のアメリカン・ヒーローをデザインしようとしてるわけですが、この世界では、現代ではユダヤ起源の神は〝悪魔〟であるかのように理解されてる感じなので、ちょっと違うんですけどね。

　彼は「アメリカのヒーロー」を「ユダヤ的ヒーロー」と同じにしたいと思ってるので、そこが問題点の一つです。彼らはイエス・キリストのことをどう考えるのか。イエス・キリストを殺したのは正義なのかどうか。運命なのか。単なる運命か。あるいは神の計画なのか。神が悪魔にイエス・キリストを殺させただけなのか。「キリスト教は本来の真実から見れば真逆であって、イエス・キリストは弱い神だから強い悪魔によって滅ぼされた」ということなのか。そういった点に関して疑問がたくさんあるけれど、スタン・リーはその点について何も言ってないので。

His close friend in the spiritual world

Isono Do you have any close friends in the spiritual world?

Raimi's G.S. Close friends? Hmm. Oh, Kamo-no-Mitsuyoshi is one of my close friends.

Shio Okawa We are friends?*

Raimi's G.S. Exorcists. We are exorcists.

Shio Okawa OK. I can understand.

*According to spiritual investigations conducted by Happy Science, Shio Okawa was born as Kamo-no-Mitsuyoshi in a past life. Kamo-no-Mitsuyoshi was a yin-yang master during the mid-Heian period (10th century) Japan.

霊界の親しい友人は

磯野　霊界では親しい友人はいらっしゃいますか。

サム・ライミ守護霊　親しい友人ですか。うーん。ああ、賀茂光栄《かものみつよし》は親友の一人です。

大川紫央　私たちは友人なんですね（注）。

サム・ライミ守護霊　エクソシストです。お互いエクソシストなんです。

大川紫央　はい、わかります。

（注）幸福の科学の霊査によれば、大川紫央総裁補佐は過去世で平安時代の陰陽師《おんみょうじ》、賀茂光栄として生まれたことがある。

Raimi's G.S. Understand? You understand? You can love me. I'm younger than your husband. OK? Only 58.

Isono OK. Lastly, could you give a message to your fans all over the world?

Raimi's G.S. Thank you very much for supporting me. I will do my best. I am planning to release a more fearful film. Please wait a little. You will feel the real hell. What is the real hell? What is the real devil? Please wait. Coming soon.

Isono We are looking forward to watching

サム・ライミ守護霊　わかりますか。わかりましたか。愛してくれていいんですよ。私のほうが、ご主人より若いし。ね？　まだ58歳ですから。

磯野　はい。最後に、全世界のファンに向けてメッセージをいただけますでしょうか。

サム・ライミ守護霊　ご支援くださり、まことにありがとうございます。ベストを尽くして頑張らせていただきます。もっと怖い映画を世の中に送り出そうと計画しているところですので、しばしお待ちください。本物の地獄を感じていただきます。「本物の地獄とは何か。本当の悪魔とは何か」。ご期待ください。近日公開予定です。

磯野　次回の作品を観せていただくのを楽しみにし

your next movie. Thank you very much, Mr. Sam Raimi.

Raimi's G.S. Thank you. Thank you very much.

Ryuho Okawa Hmm, a very interesting person. Mr. Sam Raimi, please support us and give us some fame, good reputation, and cooperate with us. I want to make some kind of new hero like Spider-Man in Japan in the near future. Please give us good inspiration. Thank you very much.

ています。サム・ライミさん、どうもありがとうございました。

サム・ライミ守護霊　ありがとう。ありがとうございました。

大川隆法　うん、実に興味深い人ですね。サム・ライミさん、ぜひ当会をご支援いただき、有名になって評価が得られるよう、ご協力をお願いしたいと思います。私のほうは、近いうちに「日本のスパイダーマン」風の新たなヒーローを生み出したいと思っておりますので、どうか良きインスピレーションをお与えいただければと思います。ありがとうございました。

『映画監督サム・ライミが描く光と闇』
—Deep Into “Sam Raimi”—
大川隆法著作関連書籍

『真のエクソシスト』
『あなたの知らない地獄の話。』
『悪魔からの防衛術』
『エクソシスト概論』
『Love for the Future』
（いずれも幸福の科学出版刊）

映画《えいが》監督《かんとく》サム・ライミが描《えが》く光《ひかり》と闇《やみ》
—Deep Into "Sam Raimi"—

2019年9月25日　初版第1刷

著　者　大《おお》　川《かわ》　隆《りゅう》　法《ほう》

発行所　幸福の科学出版株式会社
〒107-0052 東京都港区赤坂2丁目10番14号
TEL(03)5573-7700
https://www.irhpress.co.jp/

印刷・製本　株式会社 堀内印刷所

落丁・乱丁本はおとりかえいたします

ISBN 978-4-8233-0110-0 C0014

大川隆法 霊言シリーズ・映画監督の霊言

映画「沈黙—サイレンス—」にみる「信仰と踏み絵」
スコセッシ監督守護霊とのスピリチュアル対話

命が助かるなら、踏み絵を踏むべきか？ 遠藤周作の小説をもとに、ハリウッドの巨匠が描いた「神への不信」と「日本への偏見」。その問題点を検証する。

1,400円

青春への扉を開けよ
三木孝浩監督の青春魔術に迫る

映画「くちびるに歌を」「僕等がいた」など、三木監督が青春映画で描く「永遠なるものの影」とは何か。世代を超えた感動の秘密が明らかに。

1,400円

映画監督の成功術
大友啓史監督のクリエイティブの秘密に迫る

クリエイティブな人は「大胆」で「細心」？ 映画「るろうに剣心」「プラチナデータ」など、ヒット作を次々生み出す気鋭の監督がその成功法則を語る。

1,400円

大川隆法シリーズ・悪霊・悪魔から身を護る法

真のエクソシスト

身体が重い、抑うつ、悪夢、金縛り、幻聴――。それは悪霊による「憑依」かもしれない。フィクションを超えた最先端のエクソシスト論、ついに公開。

1,600円

悪魔からの防衛術

「リアル・エクソシズム」入門

現代の「心理学」や「法律学」の奥にある、霊的な「正義」と「悪」の諸相が明らかに。"目に見えない脅威"から、あなたの人生を護る降魔入門。

1,600円

あなたの知らない地獄の話。

天国に還るために今からできること

無頼漢、土中、擂鉢《すりばち》、畜生、焦熱、阿修羅、色情、餓鬼、悪魔界――、現代社会に合わせて変化している地獄の最新事情とその脱出法を解説した必読の一書。

1,500円

※表示価格は本体価格（税別）です。

大川隆法シリーズ・最新刊

自由のために、戦うべきは今

―習近平 vs. アグネス・チョウ 守護霊霊言―（香港革命）

世界が注視し、予断を許さない香港デモ。中国の全体主義に対し、「自由の創設」をめざして香港で「革命」が起こっている。天草四郎の霊言、ハンナ・アレントの霊言も収録。

1,400円

断末魔の文在寅
韓国大統領守護霊の霊言

徴用工の賠償金請求、GSOMIAの破棄など、アジア情勢を混乱させる文在寅大統領の思考回路を読む。南北統一による核保有、そして、日本侵略の"夢"を語る。

1,400円

心と政治と宗教

あきらめない、幸福実現への挑戦

大川隆法　大川咲也加　共著

バラマキと増税、マスコミのローカル性、"政教分離教"など、幸福な未来を阻む問題に解決策を示す。政治や宗教に「心」が必要な理由が分かる対談本。

1,500円

大川隆法シリーズ・最新刊

I Can！ 私はできる！

夢を実現する黄金の鍵

英語説法 英日対訳

「I Can!」は魔法の言葉――。仕事で成功したい、夢を叶えたい、あなたの人生を豊かにし、未来を成功に導くための、「黄金の鍵」が与えられる。

1,500円

新復活

医学の「常識」を超えた奇跡の力

最先端医療の医師たちを驚愕させた奇跡の実話。医学的には死んでいる状態から"復活"を遂げた、著者の「心の力」の秘密が明かされる。

1,600円

イエス・キリストの霊言

映画「世界から希望が消えたなら。」で描かれる「新復活の奇跡」

イエスが明かす、大川総裁の身に起きた奇跡。エドガー・ケイシーの霊言、先端医療の医師たちの守護霊霊言、映画原案、トルストイの霊示も収録。

1,400円

※表示価格は本体価格（税別）です。

太陽の法

エル・カンターレへの道

創世記や愛の段階、悟りの構造、文明の流転を明快に説き、主エル・カンターレの真実の使命を示した、仏法真理の基本書。14 言語に翻訳され、世界累計1000万部を超える大ベストセラー。

2,000円

黄金の法

エル・カンターレの歴史観

歴史上の偉人たちの活躍を鳥瞰しつつ、隠されていた人類の秘史を公開し、人類の未来をも予言した、空前絶後の人類史。

2,000 円

永遠の法

エル・カンターレの世界観

すべての人が死後に旅立つ、あの世の世界。天国と地獄をはじめ、その様子を明確に解き明かした、霊界ガイドブックの決定版。

2,000円

大川隆法「法シリーズ」

青銅の法

法シリーズ 第25作

人類のルーツに目覚め、愛に生きる

限りある人生のなかで、
永遠の真理をつかむ——。
地球の起源と未来、宇宙の神秘、
そして「愛」の持つ力を明かした、
待望の法シリーズ最新刊。

2,000円

第１章　情熱の高め方
—— 無私のリーダーシップを目指す生き方

第２章　自己犠牲の精神
—— 世のため人のために尽くす生き方

第３章　青銅の扉
—— 現代の国際社会で求められる信仰者の生き方

第４章　宇宙時代の幕開け
—— 自由、民主、信仰を広げるミッションに生きる

第５章　愛を広げる力
—— あなたを突き動かす「神の愛」のエネルギー

ワールド・ティーチャーが贈る「不滅の真理」

「仏法真理の全体像」と「新時代の価値観」を示す法シリーズ！
全国書店にて好評発売中！

※表示価格は本体価格（税別）です。

マドリード国際映画祭2019
外国語映画部門
最優秀監督賞

幸福の科学グループのご案内

宗教、教育、政治、出版などの活動を通じて、地球的ユートピアの実現を目指しています。

幸福の科学

1986年に立宗。信仰の対象は、地球系霊団の最高大霊、主エル・カンターレ。世界100カ国以上の国々に信者を持ち、全人類救済という尊い使命のもと、信者は、「愛」と「悟り」と「ユートピア建設」の教えの実践、伝道に励んでいます。

（2019年9月現在）

愛

幸福の科学の「愛」とは、与える愛です。これは、仏教の慈悲《じひ》や布施《ふせ》の精神と同じことです。信者は、仏法真理をお伝えすることを通して、多くの方に幸福な人生を送っていただくための活動に励んでいます。

悟り

「悟り」とは、自らが仏の子であることを知るということです。教学《きょうがく》や精神統一によって心を磨き、智慧《ちえ》を得て悩みを解決すると共に、天使・菩薩《ぼさつ》の境地を目指し、より多くの人を救える力を身につけていきます。

ユートピア建設

私たち人間は、地上に理想世界を建設するという尊い使命を持って生まれてきています。社会の悪を押しとどめ、善を推し進めるために、信者はさまざまな活動に積極的に参加しています。

国内外の世界で貧困や災害、心の病で苦しんでいる人々に対しては、現地メンバーや支援団体と連携して、物心両面にわたり、あらゆる手段で手を差し伸べています。

年間約２万人の自殺者を減らすため、全国各地で街頭キャンペーンを展開しています。

公式サイト **www.withyou-hs.net**

ヘレン・ケラーを理想として活動する、ハンディキャップを持つ方とボランティアの会です。視聴覚障害者、肢体不自由な方々に仏法真理を学んでいただくための、さまざまなサポートをしています。

公式サイト **www.helen-hs.net**

入会のご案内

幸福の科学では、大川隆法総裁が説く仏法真理《ぶっぽうしんり》をもとに、「どうすれば幸福になれるのか、また、他の人を幸福にできるのか」を学び、実践しています。

入会

仏法真理を学んでみたい方へ

大川隆法総裁の教えを信じ、学ぼうとする方なら、どなたでも入会できます。入会された方には、『入会版「正心法語《しょうしんほうご》」』が授与されます。

ネット入会 入会ご希望の方はネットからも入会できます。
happy-science.jp/joinus

三帰《さんき》誓願《せいがん》

信仰をさらに深めたい方へ

仏弟子としてさらに信仰を深めたい方は、仏《ぶっ》・法《ぽう》・僧《そう》の三宝《さんぽう》への帰依を誓う「三帰誓願式」を受けることができます。三帰誓願者には、『仏説・正心法語』『祈願文《きがんもん》①』『祈願文②』『エル・カンターレへの祈り』が授与されます。

幸福の科学 サービスセンター
TEL 03-5793-1727
（受付時間／火～金：10～20時 土・日祝：10～18時（月曜を除く））

幸福の科学 公式サイト
happy-science.jp

幸福の科学グループの教育・人材養成事業

教育

ハッピー・サイエンス・ユニバーシティ
Happy Science University

ハッピー・サイエンス・ユニバーシティとは

ハッピー・サイエンス・ユニバーシティ（HSU）は、大川隆法総裁が設立された「現代の松下村塾」であり、「日本発の本格私学」です。
建学の精神として「幸福の探究と新文明の創造」を掲げ、チャレンジ精神にあふれ、新時代を切り拓く人材の輩出を目指します。

人間幸福学部　経営成功学部　未来産業学部

HSU長生キャンパス TEL **0475-32-7770**
〒299-4325　千葉県長生郡長生村一松丙 4427-1

未来創造学部

HSU未来創造・東京キャンパス
TEL **03-3699-7707**
〒136-0076　東京都江東区南砂2-6-5　公式サイト **happy-science.university**

学校法人 幸福の科学学園

学校法人　幸福の科学学園は、幸福の科学の教育理念のもとにつくられた教育機関です。人間にとって最も大切な宗教教育の導入を通じて精神性を高めながら、ユートピア建設に貢献する人材輩出を目指しています。

幸福の科学学園

中学校・高等学校（那須本校）
2010年4月開校・栃木県那須郡（男女共学・全寮制）
TEL **0287-75-7777** 公式サイト **happy-science.ac.jp**

関西中学校・高等学校（関西校）
2013年4月開校・滋賀県大津市（男女共学・寮及び通学）
TEL **077-573-7774** 公式サイト **kansai.happy-science.ac.jp**

仏法真理塾「サクセスNo.1」

全国に本校・拠点・支部校を展開する、幸福の科学による信仰教育の機関です。小学生・中学生・高校生を対象に、信仰教育・徳育にウエイトを置きつつ、将来、社会人として活躍するための学力養成にも力を注いでいます。

TEL 03-5750-0747（東京本校）

エンゼルプランV　TEL 03-5750-0757

幼少時からの心の教育を大切にして、信仰をベースにした幼児教育を行っています。

不登校児支援スクール「ネバー・マインド」　TEL 03-5750-1741

心の面からのアプローチを重視して、不登校の子供たちを支援しています。

ユー・アー・エンゼル！（あなたは天使！）運動

一般社団法人 ユー・アー・エンゼル　TEL 03-6426-7797

障害児の不安や悩みに取り組み、ご両親を励まし、勇気づける、
障害児支援のボランティア運動を展開しています。

NPO活動支援

学校からのいじめ追放を目指し、さまざまな社会提言をしています。また、各地でのシンポジウムや学校への啓発ポスター掲示等に取り組む一般財団法人「いじめから子供を守ろうネットワーク」を支援しています。

公式サイト mamoro.org　ブログ blog.mamoro.org

相談窓口 TEL.03-5544-8989

百歳まで生きる会

「百歳まで生きる会」は、生涯現役人生を掲げ、友達づくり、生きがいづくりをめざしている幸福の科学のシニア信者の集まりです。

シニア・プラン21

生涯反省で人生を再生・新生し、希望に満ちた生涯現役人生を生きる仏法真理道場です。定期的に開催される研修には、年齢を問わず、多くの方が参加しています。全世界200カ所（国内187カ所、海外13カ所）で開校中。

【東京校】TEL 03-6384-0778　FAX 03-6384-0779

メール senior-plan@kofuku-no-kagaku.or.jp

政治

幸福実現党

内憂外患《ないゆうがいかん》の国難に立ち向かうべく、2009年5月に幸福実現党を立党しました。創立者である大川隆法党総裁の精神的指導のもと、宗教だけでは解決できない問題に取り組み、幸福を具体化するための力になっています。

幸福実現党 釈量子サイト
shaku-ryoko.net

Twitter
釈量子@shakuryoko
で検索

党の機関紙
「幸福実現NEWS」

幸福実現党　党員募集中

あなたも幸福を実現する政治に参画しませんか。

- ○幸福実現党の理念と綱領、政策に賛同する18歳以上の方なら、どなたでも参加いただけます。
- ○党費:正党員（年額5千円［学生 年額2千円］）、特別党員（年額10万円以上）、家族党員（年額2千円）
- ○党員資格は党費を入金された日から1年間です。
- ○正党員、特別党員の皆様には機関紙「幸福実現NEWS（党員版）」（不定期発行）が送付されます。

＊申込書は、下記、幸福実現党公式サイトでダウンロードできます。
住所:〒107-0052　東京都港区赤坂2-10-8 6階 幸福実現党本部

TEL **03-6441-0754**　FAX **03-6441-0764**
公式サイト **hr-party.jp**

幸福の科学出版

出版メディア事業

大川隆法総裁の仏法真理の書を中心に、ビジネス、自己啓発、小説など、さまざまなジャンルの書籍・雑誌を出版しています。他にも、映画事業、文学・学術発展のための振興事業、テレビ・ラジオ番組の提供など、幸福の科学文化を広げる事業を行っています。

アー・ユー・ハッピー？
are-you-happy.com

ザ・リバティ
the-liberty.com

幸福の科学出版
TEL **03-5573-7700**
公式サイト **irhpress.co.jp**

THE FACT

ザ・ファクト
マスコミが報道しない「事実」を世界に伝えるネット・オピニオン番組

YouTubeにて随時好評配信中！

ザ・ファクト　検索

芸能文化事業

NEW STAR PRODUCTION

ニュースター・プロダクション

「新時代の美」を創造する芸能プロダクションです。多くの方々に良き感化を与えられるような魅力あふれるタレントを世に送り出すべく、日々、活動しています。

公式サイト **newstarpro.co.jp**

ARI Production

ARI《アリ》 Production《プロダクション》

タレント一人ひとりの個性や魅力を引き出し、「新時代を創造するエンターテインメント」をコンセプトに、世の中に精神的価値のある作品を提供していく芸能プロダクションです。

公式サイト **aripro.co.jp**

大川隆法　講演会のご案内

大川隆法総裁の講演会が全国各地で開催されています。講演のなかでは、毎回、「世界教師」としての立場から、幸福な人生を生きるための心の教えをはじめ、世界各地で起きている宗教対立、紛争、国際政治や経済といった時事問題に対する指針など、日本と世界がさらなる繁栄の未来を実現するための道筋が示されています。

2019年5月14日 幕張メッセ「自由・民主・信仰の世界」

2019年3月3日 グランド ハイアット 台北（台湾）「愛は憎しみを超えて」

2019年7月5日 福岡国際センター「人生に自信を持て」

2018年10月7日 ザ・リッツカールトン ベルリン（ドイツ）「Love for the Future」

2019年7月13日 ホテル イースト21東京「幸福への論点」

講演会には、どなたでもご参加いただけます。
最新の講演会の開催情報はこちらへ。⟹

大川隆法総裁公式サイト
https://ryuho-okawa.org